BE HAPPY

KLEINE GLÜCKLICHMACHER
FÜR DICH

Auf die Plätze! Glücklich! LOS!

Wenn wir Freude am Leben haben,
kommen die Glücksmomente von selbst.

ERNST FERSTL

LÄCHLE UND

DAS LEBEN

LACHT ZURÜCK.

Enjoy the

LITTLE

things!

IN UNS SELBST LIEGEN
DIE STERNE
UNSERES GLÜCKS.

HEINRICH HEINE

GLÜCK ist, was du draus machst.

Auch eine kleine Freude kann
das größte Glück sein.

NINA SANDMANN

Whatever makes your soul happy:

DO THAT!

Die Seele ernährt sich von dem, worüber sie sich freut.

AUGUSTINUS VON HIPPO

Immer, wenn
wir LACHEN,
stirbt irgendwo ein Problem.

ALLE GUTEN DINGE SIND WILD UND FREI.

HENRY DAVID THOREAU

EINFACHES GLÜCKSREZEPT:

WENIGER GRÜBELN,

MEHR TANZEN!

Das
deutlichste
Anzeichen von
Weisheit
ist anhaltend
gute Laune.

MICHEL DE MONTAIGNE

A SMILE
is the prettiest thing
you can wear.

Glück ist,
wenn die Seele
BUNT DENKT.

Lieblingstage
sind die mit dem Lachen und
dem Sonnenschein und der Leichtigkeit
und dem Glücklichsein.

Egal, wie
voll der Kopf ist ...
ein paar

FLAUSEN

passen immer
noch rein.

DAS GROßARTIGE AM LEBEN IST,

DASS WIR AUS JEDEM TAG

EIN **ABENTEUER**

MACHEN KÖNNEN.

LISSY KLEE

Lass dein Herz dein Kompass sein.

Für dich soll's heute

KONFETTI REGNEN!

MACHE JEDEN TAG ZU DEINEM

LIEBLINGSTAG!

GLÜCK ist Regen, wenn es heiß ist,
GLÜCK ist Sonne nach dem Guss,
GLÜCK ist, wenn ein Kind ein Eis isst,
GLÜCK ist auch ein lieber Gruß.

CLEMENS BRENTANO

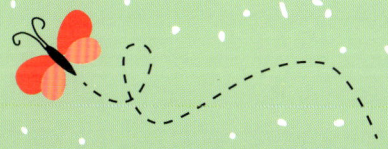

Wir sind oft nur einen Flügelschlag
weit vom Glück entfernt.

PAUL HUFNAGEL

DAS GLÜCK

BESTEHT VIELLEICHT

IM STAUNEN-KÖNNEN.

HENRI DUVERNOIS

COLLECT
BEAUTIFUL
MOMENTS!

Nichts in der Welt ist so ansteckend wie
LACHEN und GUTE LAUNE.

CHARLES DICKENS

Es gibt immer einen Grund,
DAS LEBEN
ZU FEIERN!

Glück ist
ein kurzer Moment,
aber eine lange
ERINNERUNG.

HEY DU,

Glücklichsein steht
dir ganz hervorragend!

Das Leben
ist viel schöner,
WENN DU
LACHST!

Nimm dir Zeit für die Dinge,
die dich glücklich machen.

Achtung:

Dieser Tag kann
Spuren von

GLÜCK

enthalten.

HEUTE wird ein schöner Tag!

Die Welt ist
mit so vielen Dingen gefüllt,
dass wir alle glücklich
wie Könige sein sollten.

ROBERT LOUIS STEVENSON

To-do-Liste

* Aufstehen
* Lächeln
* Kuchen essen
* Glücklich sein

The most important thing is

TO BE HAPPY.

Lass uns
MEHR ZEIT
mit Glücklichsein
verplempern!

DIE BESTE ZAUBEREI

LIEGT IN DER

GUTEN LAUNE.

JOHANN WOLFGANG VON GOETHE

Das große Glück mag

KLEINE DINGE.

Genießen bedeutet:

DEN AUGENBLICK WIE
EISCREME
AUF DER ZUNGE
ZERGEHEN LASSEN...

HELGA SCHÄFERLING

TRÄUME sind zum Jagen da!

Ab und zu
muss man das Chaos
ein bisschen schütteln,
damit ein Wunder
draus wird!

Schreibe es in dein Herz, dass

JEDER TAG DER BESTE TAG DES JAHRES ist.

RALPH WALDO EMERSON

Textnachweis: Wir danken allen Autoren bzw. deren Erben, die uns freundlicherweise die Erlaubnis zum Abdruck von Texten erteilt haben sowie Ernst Ferstl für den Text auf S. 4 © Ernst Ferstl, www.gedanken.at.

Bildnachweis: Cover: Shutterstock.com
Innenteil: S. 1, 3, 6-10, 14, 15-17, 19, 20, 22, 23, 25, 26, 28, 29, 31, 33, 35-38, 41, 42, 46, 49, 50: Shutterstock.com; S. 2: Muriel de Seze/DigitalVision/Getty Images; S. 4: Sabine Schröder; S. 5: borchee/E+/Getty Images; S. 11: Shutterstock.com (Schnecke), vectorplusb/Getty Images (Hintergrund); S. 12: Shutterstock.com (Wolken), stock.adobe.com/moleskostudio (Regenbogen); S. 13: vectorplusb/Getty Images; S. 18, 32: Shutterstock.com (Blume), vectorplusb/Getty Images (Hintergrund); S. 21: vectorplusb/Getty Images; S. 24: vo y phong mickael/EyeEm/stock.adobe.com; S. 27: Paula Danielse/Moment Open/Getty Images; S. 30: Ottilie Simpson Photography/Moment/Getty Images; S. 34: Shutterstock.com (Käfer), vectorplusb/Getty Images (Hintergrund); S. 39: ulada/stock.adobe.com; S. 40: Juli Puli/stock.adobe.com; s. 43: Oleg/stock.adobe.com; S. 44: the_burtons/Moment/Getty Images; S. 45: Shutterstock.com (Hut), vectorplusb/Getty Images (Hintergrund); S. 47: natara/stock.adobe.com; S. 48: Suzana Topita/Moment/Getty Images; S. 51: the_burtons/Moment/Getty Images.

Cover: Barbara Fuchs

Layout und Satz: Sabine Schröder

Gesamtherstellung: Printfactory, Istanbul

Be Happy
GTIN 978-3-8485-0214-1
© 2023 Groh Verlag. Ein Imprint der Verlagsgruppe Droemer Knaur GmbH & Co. KG, München
www.groh.de

FSC
www.fsc.org

MIX
Papier | Fördert
gute Waldnutzung
FSC® C130076

3 4 5 6 7